AF267814

ESSAI BIOGRAPHIQUE

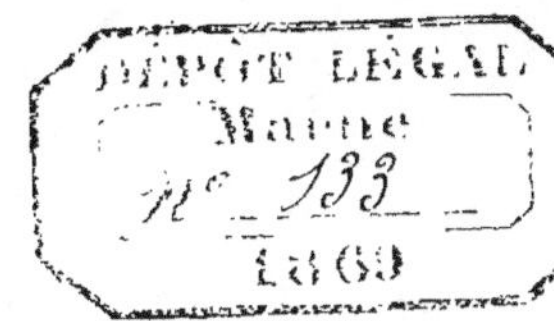

LE SIRE

JEAN DE JOINVILLE

(1223-1318)

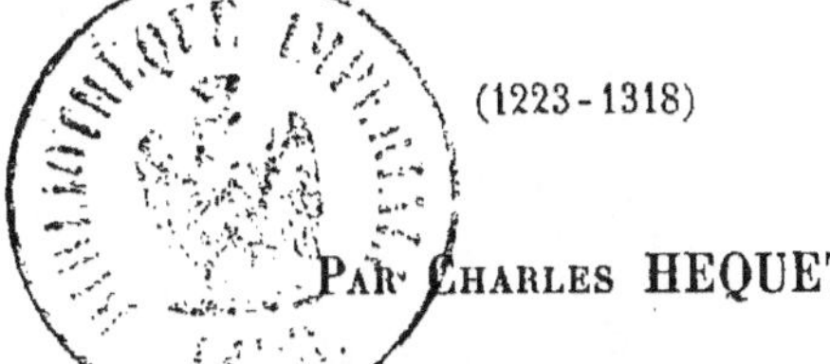

Par Charles HEQUET

Membre correspondant de la Société d'Agriculture, Commerce, Sciences
et Arts du département de la Marne,
de la Société d'Emulation du département des Vosges, de l'Académie impériale de Reims,
de la Société d'Archéologie lorraine, de la Conférence littéraire de Stanislas
de Nancy, de la Société philomatique de Verdun.

CHALONS-SUR-MARNE

J.-L. LE ROY, IMPRIMEUR-LIBRAIRE

1869

ESSAI BIOGRAPHIQUE

LE SIRE

JEAN DE JOINVILLE

(1223 — 1318)

Par Charles HEQUET

MEMBRE CORRESPONDANT DE LA SOCIÉTÉ D'AGRICULTURE, COMMERCE,
SCIENCES ET ARTS DU DÉPARTEMENT DE LA MARNE, ETC.

Lu à la Société le 2 novembre 1868

Vers la fin du XIIIe siècle, siècle brillant, — tout parsemé de croix et de chapelles, de vieux donjons et de clochers, de moines et de puissants seigneurs, — alors que toutes les âmes étaient vives de foi et d'enthousiasme, un chevalier champenois, de noble lignée, aussi habile à manier la lance que la plume, mais qu'une disgrâce passagère retenait en son manoir loin de toute participation aux affaires, forma un projet dont l'exécution devait encore ajouter à l'éclat d'un nom célèbre et marquer sa place à côté des Eginhard et des Suger, ces illustres chroniqueurs, dont son œuvre allait faire pâlir la renommée.

Admis dès sa jeunesse à la cour du roi de France, les heureuses qualités qui distinguaient le sire de Joinville, lui avaient concilié l'estime et l'affection de saint Louis, dont il était devenu l'ami et le fidèle compagnon d'armes ; il l'avait suivi dans ses dangers extrêmes, et toujours il était resté témoin de sa vertu et de son courage héroïques : il résolut d'écrire tout ce qu'il savait d'un prince, éternel honneur de sa race, il raconta les premières années de la croisade du saint monarque, en un mot, il rappela tous les faits et tous les événements qu'il avait « oralement veus et oys, » dont le vrai caractère pouvait être éclairé de son témoignage, et dans lesquels, s'il eût été moins modeste, il avait le droit de s'attribuer une belle et large part.

Lorsque de ses mains pieuses il élevait à saint Louis ce monument impérissable de sa vénération, le bon sénéchal était loin de songer à la gloire qui allait rejaillir sur lui, car telle est l'impression produite par ces mémoires qu'ils font naître le désir d'en connaître plus particulièrement l'auteur, et qu'on ne sait, après les avoir lus, lequel on doit le mieux aimer, ou du conteur naïf qui se relègue au dernier plan, ou du héros dont ils rappellent les grandes actions.

Le sire « JEHAN DE JOINVILLE » dont le nom sera toujours placé, dans l'histoire, à côté de celui du grand roi que l'Eglise romaine a mis au nombre des saints, naquit vers la fin de l'année 1323, « au chastel de la Blanche-Roche, » située au sommet de la colline au pied de laquelle s'étend la ville actuelle de Joinville (1).

(1) Ceintes d'un rempart crénelé, plusieurs tours inégales, aux flèches aiguës, aux plates-formes carrées, formaient le donjon suzerain, au milieu duquel s'élançait vers le ciel la puissante tour de Jouin, qui donna son nom à la jolie petite ville placée sous sa sauvegarde. Après avoir vu disparaître des générations entières « de maints preux et riches barons, » ce vieux manoir devint l'héritage de la lignée de Lorraine-Guise. Il ne

La famille du sire, une des plus illustres, des plus anciennes de la Champagne, et dont la tige chevaleresque se perd dans le berceau des grands fiefs de la couronne, descendait directement en ligne masculine de Godefroy de Bouillon, duc de la Basse-Lorraine; elle était alliée aux comtes de Châlon et de la Bourgogne, et aux dauphins de Viennois.

Plusieurs des ancêtres de Joinville s'étaient distingués aux Croisades. En 1190, son aïeul, le sénéchal de Champagne, Geoffroy IV, dit *le Jeune*, partit pour la Terre Sainte, emmenant avec lui ses deux fils, Geoffroy et Simon; il mourut l'année suivante sous les murs de Saint-Jean-d'Acre. Après un séjour de cinq ans en Palestine, les deux frères revinrent en France, mais l'aîné, Geoffroy, dit *le Trouillard* (1), repartit, en 1201, pour la Terre Sainte, où il s'éteignit sans postérité. Son frère Simon, qui lui succéda dans tous ses titres, droits et

dégénéra pas du moins, alors, en changeant de possesseur !... Depuis, ce lieu échut à la postérité du frère de Louis XIV.

Le *biau chastel* de la Blanche-Roche, si cher au cœur de Joinville, n'avait de prix matériel que dans ses pierres et sa toiture d'ardoises. Un artiste l'eût conservé, l'avant-dernier duc d'Orléans l'aliéna. Le 27 avril 1791, par ordre de Philippe-Egalité, le château et les bâtiments attenants furent vendus, à la condition qu'ils seraient démolis. Cet ordre à jamais regrettable fut exécuté, et le manoir des preux et des fidèles s'écroula sous des mains sacrilèges, comme tant d'autres monuments de gloire et de précieux souvenirs dont l'œil du voyageur cherche en vain les traces.

(1) Geoffroy IV dit le Vaslet, acquit en Palestine, « ou il trespassa, » un singulier surnom, à ce que nous apprend une vieille chronique manuscrite en vers, déposée à la bibliothèque impériale (n° 1054) :

  « Le nom *Trouillard* luy fust lors imposé,
  « Pour un patron génevois, dict Trouillard:
  « Pirate estoit, lequel fu si osé,
  « Ardoir les naux des chrestiens, sur litard;
  « Geoffroy peschoit et estant à l'escart,
  « La trahison du pirate apperçust;
  « Et d'une truble qu'il tenoist, le tua,
  « Donc pour ce faict ledict nom lui eschust. »

honneurs, retourna aussi en Palestine avec Jean de Brienne, et assista à la prise de Damiette. Au retour d'Orient, Simon épousa, vers 1206, Esmengarde de Mont-Cléri, au diocèse de Trèves; l'ayant perdue au bout de quelques années, il se remaria avec Béatrix, fille d'E-tienne II, comte de Bourgogne et d'Auxonne, et cousine germaine de l'Empereur d'Allemagne, Frédéric II: c'est de cette union que naquit l'historien célèbre à qui nous sommes redevables de ces Mémoires précieux pour notre histoire nationale, où il raconte avec tant de vérité et de naïveté les événements dont il fut témoin et auxquels il prit une part si brillante.

Les premières années du sire de Joinville se passèrent sous les yeux du grand sénéchal, son père, et de son oncle Guillaume, archevêque de Reims, qui venait de sacrer Louis VIII; puis, quand il fut « sorti de paige, » ils l'envoyèrent à la Cour des comtes de Champagne.

Après la mort de son père, arrivée en 1233, Joinville resta attaché à son seigneur Thibaut IV, depuis roi de Navarre, que son goût pour la poésie et la musique a fait surnommer « le faiseur de chansons, » et bien certainement, c'est à l'élégance d'esprit et de manières qui régnait à cette Cour, la plus jolie de ce siècle, que l'on doit attribuer le développement des heureuses qualités qui firent distinguer Joinville par saint Louis.

En 1239, Joinville épousa Alaïs ou Alix de Grand-Pré, à laquelle il s'était fiancé depuis le 14 août 1231. Par l'acte où le comte Thibaut accorda son consentement à ce mariage, on voit qu'Alix n'apporta en dot que trois cents livres ou livrées de terres, monnaie de Paris. Le jeune sire, il est vrai, aurait bien voulu renoncer à cette alliance, pour épouser la fille du comte de Bar; mais Thibaut, craignant peut-être d'avoir en lui un vassal trop puissant, fit intervenir Béatrix, mère de Joinville, et exigea que ce projet fût abandonné.

En 1241, le sire de Joinville assista « à une grande cour » tenue à Saumur par le roi Louis IX ; il raconte qu'à cette fête, « où assistèrent bien trois cents chevaliers moult richement armés, » il tranchait devant le roi de Navarre, mais qu'il n'avait pas encore pris le haubert.

Un spectacle si nouveau, si imposant, si curieux, émerveilla le jeune baron, admis au sein de l'élite de la chevalerie française, d'une partie du haut clergé et d'une Cour splendide où, au milieu des plus nobles et des plus belles dames, brillaient Blanche de Castille, Marguerite de Navarre et deux reines ses sœurs. Cette journée mémorable sembla fixer l'attachement de Joinville pour le monarque qui donnait une pareille fête à sa noblesse, et décider son goût d'observation, son talent même de chroniqueur des naïves scènes du XIIIe siècle.

L'année suivante, Joinville était à la bataille de Taillebourg (1242), où, à son grand regret, il ne put combattre, parce que, n'ayant pas atteint sa 21e année, il n'avait pas encore revêtu la cotte d'armes de chevalier.

En 1244, le prudhomme Brancion, cousin de Joinville, réclama son secours ainsi que celui de son frère, pour l'aider à disperser une troupe d'Allemands qui menaçaient le Moustier de Mâcon. « Nous allâmes avec lui, dit « Joinville, nous leur courûmes sus, les espées nues, et « a grant peine, les chassâmes du Moustier. »

Au moment même où parvint en Europe la nouvelle de la prise de Jérusalem par les barbares sortis de la Haute-Asie, qui venaient de remporter une sanglante victoire sur les Chrétiens, Louis IX était dangereusement malade. Tous les peuples du royaume adressaient au Ciel des prières pour la conservation du vertueux monarque. La maladie dont les accès redoublaient chaque jour, donna les plus vives alarmes. Louis tomba dans un assoupissement mortel, « et fust tellement bas, dit Join-« ville, qu'une des dames qui le gardoit en sa maladie, « cuidant qu'il fust oultrepassé, lui voulust couvrir le « visaige d'un linceul, disant qu'il estoit mort. » Cependant le roi, comme si le Ciel n'avait pu résister aux prières et aux larmes de tout un peuple, revint des portes du tombeau. Le premier usage qu'il fit de la parole, fut de demander la croix et d'annoncer son désir de délivrer la Terre Sainte. Inébranlable dans sa résolution, il reçut la croix des mains de Pierre d'Auvergne, et fit informer les Chrétiens de la Palestine, en leur envoyant des secours en hommes et en argent, qu'il traverserait la mer, lorsqu'il aurait rassemblé une armée et rétabli la paix dans son royaume.

Cette nouvelle qui devait porter la joie parmi les Chrétiens d'Orient, répandit le deuil dans toutes les provinces de France. Le sire de Joinville exprime vivement la douleur de la famille royale et surtout le désespoir de la reine-mère, en disant que, lorsque cette princesse vit son fils croisé, « elle fust aussi transie comme si elle l'eust veu mort. » Les derniers malheurs de Jérusalem avaient arraché des larmes à tous les Chrétiens d'Occident, sans leur inspirer, comme dans le siècle précédent, le vif désir de combattre les Infidèles. On ne voyait plus, dans ces expéditions lointaines, que de grands périls, que des revers inévitables, et le projet de recouvrer la cité de Dieu réveillait plus d'alarmes que d'enthousiasme.

Afin de donner plus de solennité à la publication de la croisade et d'exciter l'ardeur des guerriers pour la délivrance des saints lieux, Louis IX convoqua dans sa capitale un Parlement où se trouvèrent les prélats et les grands du royaume. Nous n'avons pas besoin de dire quel fut l'effet des exhortations et des prières d'un roi de France qui s'adressait à l'honneur et à la bravoure de ses sujets. Le royaume n'eut pas une illustre famille qui ne fournît un défenseur à la religion de la croix, et dans la foule des croisés, l'histoire se plaît à citer le sire de Joinville.

Partageant le zèle religieux de Louis IX, Joinville équipa dix chevaliers, dont trois portaient bannière, et prit à sa solde sept cents hommes d'armes qu'il réunit à l'armée qui devait arracher la Terre Sainte aux mains des Infidèles ; mais, pour subvenir aux frais considérables qu'entraînait un si long voyage, le bon sire fut obligé d'engager une partie de ses terres et d'en vendre une portion considérable.

Après trois années passées en préparatifs, le roi de France convoqua à Paris un nouveau Parlement, dans lequel il fixa enfin le départ de la sainte expédition pour le mois de juin de l'année suivante. Louis IX profita du moment où les grands du royaume étaient assemblés au nom de la religion, pour exiger d'eux qu'ils prêtassent serment de foi et hommage à ses enfants, et pour les faire jurer « que loyaulté ils porteroient à sa famille si « aucune malle chose avenoit de sa personne au sainct « veage d'oultre mer. » Le sire de Joinville qui n'était qu'arrière-vassal de la couronne, et qui n'avait par conséquent de foi à jurer qu'à son supérieur le comte de Champagne, refusa de prêter ce serment. « Et moi aussi me « manda-t-il, dit le sénéchal, mais moi qui n'étoit point « sujet à lui, ne voulus point faire de serement, quoique « ce ne fust point mon intention de demourer. »

La plupart des seigneurs qui devaient prendre part à

la croisade se préparaient au voyage d'outre-mer, comme
on se prépare à l'exil ou à la mort. Le sire de Joinville
passa un peu plus gaîment le temps qui précéda son
départ. « Je fust toute la semaine à faire festes et ban-
« quets avecque mon frère de Vauquelours, dit-il, et tous
« les riches hommes du pays qui là estoient et disoient,
« après que nous avions beu et mangé, chansons les
« uns après les aultres. »

Au milieu des guerres civiles et de l'anarchie féodale,
une foule d'hommes s'étaient enrichis par la concussion,
la rapine, le brigandage ; la religion leur inspira alors
un repentir salutaire, et ce temps de pénitence fut
marqué par un grand nombre de restitutions qui firent
oublier un moment les triomphes de l'iniquité. Le sire
de Joinville nous dit naïvement dans son histoire que
sa conscience ne lui faisait aucun reproche grave, mais
que néanmoins il assembla ses vassaux et ses voisins
pour leur offrir la réparation des torts qu'il pouvait avoir
envers eux sans le savoir. « Ce faisois, dit-il, parce que
« je ne voulois emporter un seul denier à tort ; tant il
« arriva que j'engageoi à mes amis une grant quantité
« de ma terre, si bien qu'il ne me resta pas 1,200 livres
« de rente, car madame ma mère vivoit encore, qui te-
« noit beaucoup de mes choses en douaire. » Ce même
jour, qui était la veille de Pâques, Alix, « sa doulce
« compaigne, » lui donna « un bel fils » qu'il nomma
Jean, et qui fut plus tard sire d'Ancerville.

Les pratiques de la dévotion se mêlaient aux préparatifs militaires : on voyait des guerriers déposant leur
cuirasse et leur épée, marcher pieds nus, en chemise,
et visiter les monastères et les églises où les reliques
des saints attiraient le concours des fidèles. Dans chaque
paroisse, on faisait des processions, tous les croisés se

présentaient au pied des autels et recevaient des mains du clergé les symboles du pèlerinage (1).

Le sire de Joinville alla trouver l'abbé de Cheminon, « son grant amy, le plus prud'homme qui fust en robe « blanche, et me bailla, dit-il, et me ceignit mon écharpe « et me mist mon bourdon à la main. » Il entreprit ensuite le pèlerinage de Blécourt et de Saint-Urbain, où étaient déposées de saintes reliques, et fonda un anniversaire pour le repos de son âme et de sa jeune épouse.

Quand il repassa, les pieds nus, sous les murs du vieux manoir paternel, il ne voulut « oncques torner « les yeulx vers Joinville, pour ce que le cuer lui atten- « drisit du biau chastel qu'il laissoit et de ses doulx « enfants. » Il s'arrêta à la Fontaine-l'Archevêque, aujourd'hui Grassecou, où l'abbé Adam de Saint-Urbain, lui fit présent de beaux joyaux.

A la tête de sa troupe et de ses chevaliers, parmi lesquels on remarquait Hugues de Landricourt et Hugues de Thil-Châtel, seigneur de Conflans, il se rendit à Auxonne, puis à Lyon, et descendit le Rhône jusqu'à Marseille, où il loua « une nef, » de moitié avec son cousin, le sire d'Aspremont.

La France n'avait point alors de marine ; les matelots et les pilotes étaient presque tous des Catalans ou des Italiens. La plupart des seigneurs et des chevaliers n'avaient jamais vu la mer ; tout ce qui s'offrait à leurs yeux les remplissait de surprise et de crainte ; ils invoquaient tous les saints du paradis et recommandaient leurs âmes à Dieu. Le bon Joinville ne dissimule pas son effroi et ne peut s'empêcher de dire que « bien fol « celui qui, ayant quelque peschié sur son âme, se met « en un tel danger, car, si on s'endort au soir, on ne

(1) Voyez *Histoire des croisades,* par Michaud.

« sçait si on se trouvera le matin au fond de la mer. »

Joinville s'embarqua dans le port de Marseille et fit voile pour l'île de Chypre, lieu du rendez-vous général. Voici comment il raconte son départ : « Et fust ouverte « la porte de la nef pour faire entrer nos chevaux ; et « quand nous fûmes entrés, la porte fust reclouse et « estoupée, ainsi qu'on l'auroit fait pour un tonnel de « vin, et tantost le maistre de la nef s'écria : Et vostre « besoigne preste? Sommes-nous à ce point? — Et ils « répondirent : Oui ; et ils se prirent à chanter le *Veni* « *Creator Spiritus.* »

Le sire de Joinville n'arriva pas en même temps que le roi à l'île de Chypre. Il nous a raconté lui-même son voyage, ses frayeurs au milieu des périls de la mer et sur les côtes de la *payennerie;* on fit souvent des processions autour de la nef, « et me souviens, dit-il, que « moi-même m'y fis mener et conduire par-dessous les « bras parce que j'étois fort malade » (sans doute du mal de mer?). On aborda à l'île de Chypre après la troisième procession.

Un grand nombre de barons et de chevaliers manquaient d'argent pour entretenir leurs soldats : Louis IX leur ouvrit son trésor. Le sire de Joinville, à qui il ne restait plus que douze vingt livres tournois, reçut du monarque huit cents livres, somme alors considérable. « Vous devez savoir, dit le sire, qu'au temps où je partis, « j'avais à peine douze cents livres de rente, et que je « me chargeois de dix chevaliers avec trois bannières, « et que quand je fus arrivé en Chypre et que j'eus payé « ma nef, je n'avois plus que douze vingt livres tournois « d'or, si bien que plusieurs chevaliers me disaient qu'ils « m'abandonneroient si je ne me pourvoyois de deniers. »

Le sire de Joinville séjourna en Chypre pendant l'hiver

de 1249 à 1250; et c'est là que ses belles qualités, appréciées du roi, firent naître ces relations d'amitié, on peut dire paternelles, de saint Louis pour Joinville, et du dévouement respectueux de Joinville pour son roi (1).

Dans le même temps, un spectacle plus touchant que curieux s'offrit aux regards des croisés. Ce fut l'arrivée de Marie de Brienne, femme de Baudoin, qui venait implorer les secours de Louis IX, en faveur de son époux. Joinville, qui fut chargé de la recevoir à Paphos et de la conduire à Limisso, nous apprend qu'il n'était resté à l'impératrice d'Orient qu'une chape dont elle était vêtue, et un surcot à changer. Emu d'une détresse aussi grande, le bon sénéchal donna une robe à la souveraine de Bysance, et trois cents chevaliers lui promirent d'aller, au retour de la croisade, défendre les ruines d'un empire fondé par les soldats de la croix. « Quand le moment fust « venu, dit Joinville, je requis du roi, par devant le comte « (d'Eu) dont j'ai la lettre, que j'attendois, pour me rendre « à Constantinople, qu'il disposast de trois cents cheva« liers; mais le roi me répondist : Qu'il n'avoit si bon « trésor dont il ne fust à la lie. »

Au printemps de l'année suivante, on leva l'ancre pour l'Egypte. Louis IX donna le signal du départ le vendredi avant la Pentecôte; une flotte nombreuse, sur laquelle s'étaient embarqués, avec les guerriers français, les croisés de l'île de Chypre, sortit du port de Limisso. « Ce fust, dit Joinville, moult belle chose à veoir : il « sembloit que toute la mer, tant comme l'on povoit « veoir, fust couverte de touailles (toiles) des vaisseaux « qui furent nombrés dix-huit cent, tant grands que « petits. »

(1) Voyez *Notice sur le sire de Joinville,* par M. Amb. Firmin Didot, dans la *Nouvelle biographie générale.*

Au débarquement devant Damiette, les Chrétiens accomplirent des prodiges de valeur. Le rivage était occupé par les émirs de Nedjin-Eddin, et une flotte puissante couvrait la côte et les bords du Nil. Les Français se précipitèrent dans les chaloupes la lance à la main, et sous une grêle de pierres et de flèches, poussèrent au rivage. Joinville et Baudoin de Reims abordèrent les premiers; ils se rangeaient en bataille avec leurs chevaliers lorsque la cavalerie des Sarrasins vint fondre sur eux. « Il y avoit bien, dit Joinville, six mille hommes « à cheval, lesquels, sitost qu'ils nous virent, frappèrent « des éperons droit à nous; et nous, nous fischasmes « nos escus par terre ou le sable, les pointes devers eux, « et alors, tornant le devant derrière, s'enfouirent. » Le reste de l'armée eut bientôt le même sort; la déroute devint générale et les infidèles, saisis de terreur, abandonnèrent Damiette où Louis IX s'établit avec son armée.

Malheureusement les succès ne continuèrent pas. Le repos et l'abondance amenèrent l'indiscipline et la débauche dans les rangs chrétiens. Les chevaliers oubliaient dans une funeste oisiveté leurs vertus belliqueuses et l'objet de la guerre sainte; comme on leur promettait les richesses de l'Egypte et de l'Orient, les seigneurs et les barons se hâtaient de consumer en festins l'argent qu'ils tenaient des libéralités du roi. « Les barons, dit « Joinville, qui eussent dû garder le leur pour le bien « employer en lieu et temps, se prirent à donner les « grands mangiers et les oultrageuses viandes; le com- « mun peuple se prist aux folles femmes qui tenoient « leurs bordiaux autour du pavillon du roi, au jet d'une « pierre menue. »

Un des traits les plus affligeants de ce tableau, c'est que l'autorité du roi était chaque jour moins respectée;

à mesure que la corruption faisait des progrès, on perdait l'habitude de l'obéissance, les lois étaient sans force, et Louis IX trouvait de l'opposition à ses volontés jusque dans les princes de sa famille. Les musulmans, témoins de ces désordres, reprirent courage, et ce fut le commencement des revers (1).

Les Français voulurent intercepter le canal d'Aschmoum-Thenah (2); leurs travaux étaient protégés par des constructions sous la garde du sire de Joinville. Les Musulmans pénétrèrent plusieurs fois dans les retranchements des croisés; le sire eut besoin de déployer toute sa bravoure pour repousser, hors du camp, un ennemi à qui chaque nouveau combat apprenait que les Francs n'étaient point invincibles, et qu'on pouvait du moins les arrêter dans leur marche. On avait construit des tours en bois et dressé des machines pour garantir les ouvriers qui travaillaient à la digue contre les flèches, les pierres et les traits enflammés qu'on lançait du camp des ennemis. Rien n'égale la surprise et la terreur que la seule vue du feu grégeois causait à l'armée chrétienne; ce feu redoutable, lancé tantôt par un tube d'airain, tantôt par un instrument appelé *la perrière*, avait, selon l'expression de Joinville, « la grosseur d'un tonnel de « verjus; il sembloit un dragon qui voloit dans l'air et « tant jetoit grant clarté, que l'on voyoit dans l'oir « comme ce il fust jour, pour la grand foison du feu que « jetoit la grant clarté »

A la vue de ce feu terrible, les chrétiens préposés à la garde des tours couraient çà et là, tout éperdus; les

(1) Voyez *Histoire des croisades*, par Michaud.

(2) Ainsi appelé de la ville de ce nom, qui était située sur le canal. C'est par erreur que les écrivains occidentaux ont appelé ce canal *Thanis*. (Voyez Michaud, *Histoire des croisades*.)

uns appelaient à leur secours leurs compagnons, les
autres se précipitaient à terre et tombaient à genoux,
invoquant les puissances célestes. Le sénéchal ne pouvait
dissimuler son effroi, et remerciait Dieu de tout son
cœur lorsque le feu grégeois tombait loin de lui. « Deux
« fois, dit-il, les machines que gardoit Charles d'Anjou,
« furent incendiées en plein jour, dont il estoit si hors
« du sens, que il se vouloit aler ferir au feu pour es-
« taindre. » Le bon chevalier avoue naïvement qu'il
aime mieux que cela soit arrivé le jour que la nuit, car,
autrement, comme il était de garde, il eût été infail-
liblement brûlé. « Cette grant courtoisie fist Dieu à moy
« et à mes chevaliers. »

La position du sire et celle de sa troupe était des
plus critiques ; ils ne pouvaient ni avancer, ni reculer,
« puisque, leur disait le chevalier Gauthier du Cureil,
« nous sommes au plus grant péril que nous feussions
« oncques mais ; car, se il ardent nos chastiaux et nos
« demeures, sommes perdus et ars ; et se nous lessons
« nos défenses que l'on nous a baillées à garder, nous
« sommes honnis ; dont nulz de cest péril ne peut nous
« deffendre fors que Dieu. »

Attaqués de tous côtés, les Chrétiens livrèrent la fa-
meuse bataille de Mansourah (1250). Les désastres furent
terribles ; le comte d'Artois périt avec les chevaliers qui
l'accompagnaient.

L'histoire n'a pas conservé tous les noms des guerriers
qui signalèrent leur bravoure à cette bataille. Le sire de
Joinville ne fut pas un de ceux qui coururent le moins
de dangers et montrèrent le moins de courage ; lui
sixième, il défendit « ung poncel estroit » contre une
multitude de Sarrasins, et fut deux fois renversé de
cheval. Dans une si grande détresse, le pieux chevalier

se souvint de Monseigneur saint Jacques, et lui dit :
« Biau sire saint Jacque, que j'ai requis, aidez-moy et
« secourez à ce besoing. »

Joinville combattit toute la journée ; son cheval reçut
douze blessures, et lui-même fut atteint de cinq flèches,
ce qui lui fait dire : « Car moy ne mes chevaliers n'avions
« povoir de vestir haubers, pour les playes que nous
« avions eues. »

Entre autres faits d'armes glorieux, on trouve le sui-
vant dans les mémoires du sénéchal : « Moy et mes che-
« valiers alames rescourre monseigneur Raoul de Wanon
« qui estoit avec moy et que il (les Turcs) avoient tiré à
« terre. En dementières que je en revenoie, les Turcs
« m'apuièrent de leurs glaives ; mon cheval s'agenoilla
« pour le fez (poids) que il senti, et je en alé outre parmi
« les oreilles du cheval. » Réunissant alors toutes ses
forces, il parvint à se relever, et l'épée à la main, se
fraya un passage. Le sire de Siverey, qui se trouvait près
de lui, l'entraîna avec plusieurs chevaliers vers une maison en ruines et dont le toit avait été enlevé. Mais tandis
qu'ils s'y retranchaient, les Turcs vinrent de nouveau les
assaillir. « Les Turcs nous assailloient de toutes parts,
« dit encore Joinville, une partie d'eulz entrèrent dans
« la meson d'effete et nous piquoient de leurs glaives
« par dessus. » Le comte d'Anjou étant arrivé avec bon
nombre de soldats, les Sarrasins prirent la fuite (1).

Ce qui étonne et charme à la fois dans le récit de cette
bataille, dit M. Michaud, dans son *Histoire des Croisades*,
c'est de retrouver, au milieu des scènes de carnage, des
traces de la gaieté française, de cette gaieté devenue
proverbiale, qui dédaigne la mort et se joue du péril.

(1) Voyez *Notice sur Jean, sire de Joinville*, par M. C. Lemoine.

Pour donner au roi et à l'armée, cernés de toutes parts, le temps de se sauver, le sire de Joinville, ainsi que nous venons de le rapporter, défendit avec cinq chevaliers, un pont contre les Sarrasins. Tandis que ces preux, entourés d'ennemis, gardaient un poste si périlleux, le comte de Soissons, s'adressant à Joinville, s'écriait : « Séneschal, lessons huer ceste chiennaille ; que par la « quoiffe Dieu ! encore en parlerons-nous de ceste jour- « née, ès chambres des dames. »

Dans la nuit même qui suivit la bataille, l'armée musul- mane fit plusieurs tentatives pour reprendre son camp et ses machines de guerre restées au pouvoir des Fran- çais. « Mais, dit le bon Joinville, ils n'osèrent venir à « nous ; dont Dieu nous fist grant courtoisie ; car moy « ne mes chevaliers n'avions ne haubers ne escus, pour « ce que nous estions touz bléciés de la bataille du jour « de quaresme-prenant. »

Bientôt les croisés se trouvèrent en butte à des fléaux plus redoutables pour eux que la puissance et les armes des Musulmans : une maladie contagieuse se déclara dans l'armée chrétienne.

Après les deux derniers combats, on avait négligé d'enterrer les morts ; les cadavres, jetés pêle-mêle dans l'Aschmoum et flottant sur les eaux s'étaient arrêtés devant le pont construit par les croisés, et couvraient la surface du canal d'une rive jusqu'à l'autre. « Car, dit « Joinville, au chief de neuf jours, les cors de nos gens « que il avoient tuez vindrent au desus de l'yaue, et dit « l'eu que c'estoit pour ce que les fielz en étoient pourriz. » De cet amas de cadavres, s'échappaient des exhalaisons pestilentielles ; Louis IX ordonna d'enterrer les corps des Chrétiens. Pour faire cette triste opération, « le roi avait « loué cent ribaus, qui y furent bien huit jours. » La contagion atteignit les plus robustes comme les plus faibles. « Elle estoit telle, dit le sénéchal, que la char « de nos jambes séchoit toute, et le cuir de nos jambes « devenoient tavelés de noir et de terre, aussi comme « une vielz heuze ; et à nous qui avions tele maladie « venoit char pourrie ès gencives (c'était le scorbut) de « ce que nous avions mangié de ces poissons, dont cha- « cun estoit orriblement puant de la bouche. » Joinville parle ici d'un poisson du Nil, appelé *bourbete*, « qui est « poisson glous, et se randoient toujours aux corps morts « et les mangeoient. »

Le clergé qui assistait les malades et enterrait les morts souffrit beaucoup de l'épidémie ; bientôt il n'y eut plus assez d'ecclésiastiques pour desservir les autels et célé- brer les cérémonies chrétiennes. Un jour, le sire de Joinville, malade lui-même et entendant la messe de son lit, fut obligé de se lever et de soutenir son aumônier près de s'évanouir sur les marches de l'autel. « Quant « je vi que il vouloit cheoir, dit le naïf historien, je, qui « avoie ma coste vestue, sailli de mon lit tout déchaus « et l'embraçai, et li deis que il feist tout à trait et tout « belement son sacrement ; que je ne le lèroie tant que « il l'auroit tout fait. Il revint à soi, et fist son sacrement « et parchanta sa messe tout entièrement, ne oncques « plus ne chanta. »

Après la peste, vint la disette qui fit d'affreux ravages ; ceux qu'avait épargnés la maladie expiraient de misère et de faim. Le découragement s'empara des chefs et des soldats. Louis IX conservant sa tranquillité d'âme au milieu de l'abattement général, s'occupa de sauver les restes de son armée, et résolut de repasser la rive opposée de l'Achsmoum. Dans la journée du 5 avril (1250), le mardi après l'octave de Pâques, le roi fit tout préparer pour le

départ de son armée. Dans cette retraite, ou plutôt dans
cette déroute, Joinville, que la maladie empêchait de
marcher, s'embarqua sur le Nil pendant la nuit; mais
les embarcations, retenues par les vents contraires,
furent entourées par la flotte du soudan. Les Musulmans
lançaient sur les Chrétiens une si grande quantité de
flèches et de feu grégeois, « que il sembloit, dit le sire,
« que les estoiles du ciel cheissent. »

Tous les navires furent submergés par la tempête,
consumés par le feu ou pris par les Sarrasins qui, assemblés sur la rive, et montés sur des barques, immolaient
tout ce qui s'offrait à leurs coups. Quatre galères « là où
« il avoit bien mil hommes, » s'approchèrent du navire
sur lequel se trouvait le sire de Joinville; on le menaçait
de la mort s'il ne se rendait sur le champ. Dans ce moment suprême, le sénéchal délibéra avec ses chevaliers
sur ce qu'il y avait à faire dans un si pressant danger :
tous convinrent qu'il fallait se rendre. « Lors, dit un mien
« scélérier, qui estoit né de Doulvens, rapporte Joinville:
« Sire, je ne m'acorde pas à cest conseil. » Je li deman-
« dai auquel il s'acordoit, et il me dit : « Je m'acorde
« que nous nous lessons touz tuer; si nous irons touz en
« paradis. » Mais nous ne le creumes pas. » Joinville
prit alors un petit coffret, en tira ses joyaux et ses reliques qu'il jeta dans l'eau et se rendit à discrétion.
Malgré les lois de la guerre, il allait être massacré.
« Lors, dit-il, je senti le coutel à la gorge, » mais un
Sarrasin qui le connaissait, le couvrit de son corps en
criant : *C'est le cousin du roi !* et parvint ainsi à lui sauver la vie.

Le carnage se prolongea longtemps; des soldats armés
attendaient les prisonniers sur le rivage. Le prêtre Jean
de Vassy et quelques-uns des serviteurs de Joinville, sor-

tirent mourants de leur navire ; sous prétexte que ces malheureux n'étaient bons à rien, et qu'ils ne pouvaient payer ni leur liberté, ni leur vie, on les acheva sous les yeux de leur maître, qui ne put s'empêcher de protester contre une telle barbarie. « Je leur fis dire à mon Sarra- « zin, dit le sénéchal, que il me sembloit que ce n'estoit « pas bien fait ; car c'estoit contre les enseignements « Saheladin, qui dit que l'on ne doit nul homme occire... » L'avarice, au défaut d'humanité, sauva ceux dont on espérait une rançon.

Le sire de Joinville, pouvant à peine se soutenir, fut traîné dans une galère musulmane, puis transporté dans une maison voisine du rivage. Comme on lui avait ôté son haubert, et qu'il restait presque sans vêtements, les Sarrasins qui le tenaient prisonnier lui donnèrent un *chaperonnet* qu'il mit sur sa tête, et lui jetèrent sur les épaules « une sienne couverture d'écarlate fourrée de menu « vair, que lui avoit donné madame sa mère ; » il était tout tremblant de la maladie, « et de la grant peur qu'il « avoit. » N'ayant pu avaler un verre d'eau qu'on lui donna, il crut qu'il allait mourir, et fit venir auprès de lui ses serviteurs, qui, à sa vue, « se prisrent à plorer « et à mener grant deuil. » Parmi ceux qui pleuraient, on remarquait un jeune enfant qui « avoit nom *Berthelemin*, « et estoit filz (naturel) au seigneur de Montfaucon. » Le pauvre petit qui avait vu périr les personnes chargées de le conduire, s'était jeté dans les bras et sous la pro- tection de Joinville. Le spectacle de l'enfance abandonnée, le désespoir du bon sénéchal, excitèrent la compassion des émirs qui étaient présents ; l'un deux, que Joinville appelle le *bon Sarrazin*, prenait soin du jeune orphelin, et lorsqu'il se sépara du sénéchal, il lui dit : « Je vous « pri, sire, que c'est enfant que vous avez avec vous,

« que vous le tenez toujourz par le poing, que les Sarra-
« zins ne vous le toillent. »

Le sire de Joinville fut guéri de sa maladie par un
Musulman. « Il me donna, dit-il, telle chose à boire, que
« je fus guéri dedans deux jours. »

Le sénéchal, qui a décrit dans le plus grand détail les
événements de sa propre captivité, nous apprend qu'il
fut, au bout de quelques jours, conduit auprès de saint
Louis. « Quant je entrai céans, les barons firent touz si
« grand joie que en ne pooit goute oïr, et en louoient
« Notre-Seigneur, et disoient que il me cuidoient avoir
« perdu. » On le transféra ensuite dans un autre pavillon, près duquel, dans une cour entourée de murs, un
grand nombre de chevaliers étaient retenus prisonniers.
Chaque jour, un émir chargé des ordres du sultan, faisait
traîner hors de l'enceinte un certain nombre de ces malheureux. « De ce clos où il les avoient mis, dit Joinville,
« les fesoient traire l'un après l'autre, et leur deman-
« doient : « Te weulz-tu renoier? » Ceulz qui ne se vou-
« loient renoier, on les fesoit mettre d'une part et coper
« les testes; et ceulz qui se renoioient, d'autre part. »

Enthousiasmé des succès qu'il avait remportés sur les
Chrétiens, le sultan, oubliant le soin de son empire, passait son temps en fêtes, en plaisirs, s'entourant de jeunes
favoris, qu'il préférait aux vieux guerriers qui venaient de
sauver l'Egypte. Cette conduite excita un vif mécontent-
tement dans son armée, et des murmures on passa bientôt à la révolte. Le complot éclata le lendemain même
de l'arrivée des princes français, venus à Pharescour,
avec le roi, pour traiter de la reddition de Damiette et
fixer les conditions de la paix. Le sultan périt égorgé
par ses propres officiers, sous les yeux de Joinville, qu
a consigné dans ses Mémoires les détails de cette scène

sanglante, dont l'issue faillit lui devenir fatale, ainsi qu'à ses compagnons. Ivres de carnage, les conjurés pénétrèrent l'épée à la main, dans la galerie où se trouvaient, avec le sénéchal, les comtes de Bretagne, de Monfort, Baudoin et Guy d'Ibelin. « Ils en vindrent bien trente, dit « Joinville, les espées toutes nues ès mains, à nostre « galie, et les haches danoises. Je demandai à Mgr Bau- « doyn d'Ibelin, qui savoit bien le sarrazinnois, que « celle gente disoient, et il me répondi que il disoient « que il nous venoient les testes trancher. » Déjà les guerriers français se préparaient à la mort, et se jetant à genoux devant un religieux de la Trinité, ils lui demandèrent l'absolution de leurs péchés. « Il y avoit tout « plein de gens qui se confessoient à un frère de la Tri- « nité, rapporte Joinville. Mès endroit de moy ne me « souvins oncques de péchié que j'eusse fait. Et lors me « seignoi et m'agenoillai devant un des mescréans, qui « tenoit une hache danoise à charpentier, et dis : Ainsi « mourut sainte Agnès. Messire Guy d'Ibelin, connétable « de Chypre, s'agenoilla encoste moy et se confessa à « moy ; et je li dis : Je vous asolz de tel pooir comme « Dieu m'a donné. » Les seigneurs n'éprouvèrent point le sort qu'ils redoutaient, mais comme si on avait craint leurs entreprises, ils furent jetés à fond de cale, ayant toujours sous les yeux les terribles images de la mort.

Après bien des obstacles et des périls, bien des alternatives cruelles qui mirent, à chaque instant, la vie des chrétiens en danger, la rançon du roi et celle de tous les prisonniers fut arrêtée, moyennant la restitution de la ville de Damiette et le paiement d'une somme de cinq cent mille livres, dont deux cent mille devaient être immédiatement versées. Comme il manquait trente mille livres pour compléter cette somme, Joinville conseilla au roi de les emprunter au commandeur de l'ordre des Templiers, qui refusa de les prêter. Le sire, avec l'assentiment du roi, les exigea. « Sitost comme je fus descendu « là où le trésor estoit, dit-il, je demandé au trésorier « du Temple, qui là estoit, que il me baillast les clefs « d'une huche qui estoit devant moy; et il, qui me vit « mègre et descharné de la maladie, et en l'abit que je « avoie esté en prison, dit que il ne m'en bailleroit nulles. « Et je regardé une coignée qui gisoit illec, si la levai « et di que je en ferois la clef le roy. Esbahi de ma réso- « lution, les clefs me furent alors données. »

Bientôt Louis IX avec les débris de son armée, quitta l'embouchure du Nil, et peu de jours après, arriva à Saint-Jean-d'Acre, où le peuple et le clergé faisaient encore des prières pour sa délivrance, il entra dans le port le 14 mai 1250, et, dit son historien, « toutes les proces- « sions d'Acre li vindrent à l'encontre recevoir jusqu'ès « à la mer, à moult grant joie. »

Les tristes débris de l'armée chrétienne durent émouvoir la charité des habitants de Saint-Jean-d'Acre; les chevaliers et les soldats étaient presque nus. Le sénéchal de Champagne, pour paraître à la table du roi, fut réduit à se faire un vêtement avec les lambeaux d'une couverture. « Et lors m'envoya querre le roy pour manger avec « li, dit-il, et je y alloi a tout le corcet que l'on m'avoit « fait en la prison des rougneures de ma couver- « ture; .... » le roi, au contraire, était assez bien vêtu, il portait « les robes que le soudans li avoit fait bailler « et tailler, qui estoit de samet noir, forré de vair et de « griz, et y avoit grant foison de noiau touz d'or. »

Une maladie épidémique, fruit d'une longue misère et de tous les genres de privations, se manifesta parmi les croisés et porta ses ravages dans la ville. Le sire de

Joinville, qui était logé dans la maison d'un curé de
Saint-Jean-d'Acre, rapporte qu'il voyait chaque jour pas-
ser « vingt mors ou plus » sous ses fenêtres. Chaque fois
qu'il entendait ces funèbres paroles : *Libera me Domine*,
il se mettait « à plorer, priant Dieu de le délivrer de ceste
« maladie, luy et sa gent. »

Touché de tant de malheurs, Louis IX assembla ses
conseillers, pour leur demander s'il ne serait pas sage
de retourner en France. « Lors demanda le roy à ses
« frères et aux autres barons, et au conte de Flandres,
« quel conseil il li donroient, ou de s'alée, ou de sa de-
« mourée. Ils respondirent touz que il avoient chargée
« à monseigneur Guy Malvoisin le conseil que il vou-
« loient donner au roy. » Guy fut d'avis qu'il fallait res-
ter en Palestine, et réparer par le succès toutes les pertes
qu'on avait faites. Lorsque le tour de Joinville arriva, le
bon sénéchal exposa qu'on ne pouvait sans honte aban-
donner la foule des prisonniers chrétiens. « Si mette le
« roy ses deniers en despense, dit-il, et envoit le roy
« querre chevaliers en la Morée et outre-mer ; et quant
« l'on orra nouvelles que le roy donne bien largement,
« chevaliers li vinront de toutes pars, par quoi il pourra
« tenir héberge dedans un an, si Dieu plet. Et par sa
« demourée seront delivrez les povres prisonniers qui
« ont esté prison servire Dieu et on sien, qui jamais n'en
« istront, si le roy s'en va. »

Il n'était aucun des chevaliers et des barons qui n'eût
des parents ou des amis parmi les prisonniers. Plusieurs
ne purent retenir leurs larmes en écoutant Joinville ;
mais cette vive impression ne suffisant point pour étouf-
fer dans leur cœur l'extrême désir qu'ils avaient de revoir
la patrie, le bon sire se trouva, au sortir du conseil, en
butte aux railleries et même aux outrages des chevaliers

pour avoir émis un avis contraire à l'opinion générale. Au repas qui suivit, le roi, contre l'habitude, ne lui parla pas, « tant comme le mangier dura ; et je cuidoie vrai- « ment, dit Joinville, que il fust courroucié à moy. » Il s'était retiré triste et pensif dans l'embrâsure d'une fenêtre, formant dans son désespoir le projet de se rendre auprès du prince d'Antioche, son parent, lorsqu'il sentit, tout à coup, quelqu'un s'appuyer sur ses épaules et lui porter les deux mains sur les yeux ; il reconnut le roi à une émeraude qu'il avait en son doigt. Louis IX lui demanda comment il avait osé donner un avis contraire à celui de si grands personnages. « Sire, répondit Joinville, « si le conseil est bon, que votre majesté le suive ; s'il « est mauvais, qu'elle n'y pense plus. » Le monarque, lui ouvrant son cœur, lui déclara que son dessein était de demeurer encore quelque temps en Palestine. Alors Joinville oublia les injures des barons et des chevaliers, et il était si joyeux de ce que le roi lui avait dit « que « nul mal ne le grevoit plus. »

La guerre se continua, et le sire de Joinville eut encore mainte occasion de déployer sa valeur. Les Turcomans, peuplade errante et féroce, avaient massacré les Chrétiens occupés à relever les fortifications de Sidon, démolies par les Sarrasins de Damas. Louis IX résolut d'aller les attaquer dans Panéas, où ils s'étaient retirés. Dans cette expédition, Joinville, qui conduisait les gendarmes du roi, fut sur le point de perdre la vie ou de tomber entre les mains des infidèles. Surpris dans un défilé, il lui fallut mettre pied à terre pour encourager ses soldats, et un de ses chevaliers « qui avoit nom « monseigneur Jehan de Bussey, » périt à ses côtés ; on le crut mort, et il ne dut son salut qu'à un stratagème, en incendiant la plaine au moyen de joncs qui, fendus à l'un des bouts pour y placer des charbons allumés, et lancés dans des meules de blé, arrêtèrent la poursuite des ennemis. « Et ainsi, dit Joinville, Dieu nous ramena « à sauveté. »

En témoignage de sa satisfaction pour la bravoure et la prudence dont Joinville lui avait donné tant de preuves, le roi lui conféra, par un acte daté du camp devant Joppé, en avril 1250, deux cents livres de rente annuelle, reversibles sur ses héritiers.

Le sire de Joinville nous a fait connaître sa manière de vivre pendant le séjour qu'il fit à Acre. Chaque jour, ses deux chapelains lui disaient ses heures et chantaient la messe, l'un à l'aube, quand tous les chevaliers étaient levés. Après la messe, il se rendait auprès du roi et l'accompagnait « lorsqu'il vouloit chevaucher. » Comme on attribuait les malheurs de l'armée à la corruption des mœurs, Louis IX punissait avec sévérité les moindres désordres; aussi Joinville, pour se mettre à l'abri du soupçon, nous dit qu'il fit placer son lit de telle manière, qu'on ne pouvait entrer dans son pavillon sans voir tout ce qui s'y passait, « et ce faisoit-il, pour oster toutes « mescréances de femmes. » A l'approche de l'hiver, les arrivages par une mer « felonesce » étant rares et coûteux, il faisait provision de vivres, en grains, porcs, moutons et volailles. Il achetait bien « cent tonniaux de vin, « et fesoie touz jours boire le meilleur avant. » Mêlé abondamment d'eau pour les valets, il l'était en moindre quantité pour les écuyers; quant aux chevaliers, ils usaient à leur convenance de « grandes phiolles de vin « et de grandes phiolles d'eau » placées sur la table. Le roi lui avait donné cinquante chevaliers à commander, et chaque jour dix d'entre eux dînaient à la table de Joinville, assis à terre selon l'usage du pays. A toutes

les grandes fêtes annuelles, il invitait à des galas « tous
« les riches hommes de l'Ost, » qui venaient en telle
quantité, que le roi était obligé d'en recevoir une partie
à sa table (1).

Le roi était à Sidon occupé à faire fortifier la ville,
lorsqu'un message arriva en Palestine, annonçant que la
régente n'était plus. La mort de la reine Blanche imposait
à Louis IX l'obligation de revenir dans ses états, les nouvelles qu'il recevait de l'Occident annonçaient que sa présence y était chaque jour plus nécessaire.

Le roi quitta Sidon et se rendit, au printemps de l'année 1554, à Saint-Jean-d'Acre, où une flotte de quatorze
vaisseaux était prête à le recevoir avec ce qui restait
des guerriers de la croisade ; il fit monter Joinville sur
« sa nef » où était aussi la reine Marguerite avec ses
enfants. Comme la flotte approchait de l'île de Chypre,
le vaisseau qui portait le roi heurta violemment « à une
queue de sablon, » et faillit le noyer avec toute sa famille.
Une tempête furieuse mit le navire en danger de périr ;
la reine Marguerite fit alors le vœu d'offrir « une nef
d'argent de cinq marcs, à saint Nicolas de Warangeville, »
et pria Joinville d'être sa caution auprès du patron des
naufragés.

La flotte aborda enfin aux îles d'Hyères. Le roi traversa
la Provence en passant par l'Auvergne, arriva à Vincennes le 5 septembre 1254, et le lendemain il fit son
entrée dans la capitale, précédé du clergé, de la noblesse
et du peuple.

Le bon sénéchal, qui était constamment demeuré auprès du roi, prit congé de lui à Beaucaire, et après une
absence de plus de cinq années, il revit enfin son épouse

---

(1) Voyez M. Amb. Firmin Didot, *Notice* citée.

Alix, son fils âgé alors de six ans, et « son biau chastel, » qu'il jura de ne plus quitter pour aller en Asie.

Après quelques jours de repos, le sire de Joinville se rendit « à pié et deschaus » à l'église Saint-Nicolas-du-Port, en Lorraine, pour acquitter le vœu de la reine Marguerite. De retour dans ses domaines, il s'occupa de rétablir ses affaires, alors fort délabrées, et s'efforça de réparer les maux que son absence avait causés à ses vassaux, qu'il affranchit de diverses servitudes qui pesaient sur eux (1). Il fit restaurer les églises, et rappeler sur les vitraux de la chapelle « et ès verrières de Blécourt » le souvenir de ses voyages d'outre-mer et des périls auxquels il avait eu le bonheur d'échapper. Il fit aussi placer au-dessus du tombeau de son oncle Geoffroy, dit *le Trouillard,* « l'escusson escartellé des armes d'Angleterre » qu'il avait rapporté de Saint-Jean-d'Acre (2). L'hôpital Saint-Jean, destiné à loger et à nourrir les pauvres passants, reçut sa part de ces largesses; il fut richement doté par Joinville, à charge, par cet hôpital, de soigner et entretenir les chevaliers mutilés qu'il avait ramenés de la Palestine; la chapelle, qui tombait en

(1) La charte d'affranchissement se trouve au grand cartulaire de Jean, sire de Joinville, f° 72 et v°, la copie de cette charte a été transcrite au livre terrier de la ville de Joinville.

(2) Témoin « des expertises et prouesses des barons de Joinville, » Richard Cœur-de-Lion leur accorda l'insigne honneur d'écarteler ses propres armes sur leur écu. La chronique déjà citée le rapporte ainsi :

« ... Six ans dura en ceste saincte terre,
« Y demourèrent gagnant villes, chasteaux ;
« Pour lors estoit Richard, roy d'Angleterre,
« Qui fist honneur aux deux frères loyaulx.
« Car il partist de ses armes royaulx,
« L'écu des frères.... »

Le léopard du Plantagenet brilla donc en chef sur le champ d'azur où rayonnaient trois broyes d'or. (Voyez *Notice sur le sire de Joinville,* par par M. le marquis de Villeneuve-Trans.)

ruines, fut entièrement reconstruite et placée sous l'invocation de la sainte Vierge et de saint Jean Baptiste (1).

Quelques mois après son retour, Joinville se rendit auprès du roi, à Soissons, « ce qui lui fist si grant joie, « que touz ceulz qui là estoient s'en merveillèrent. » Louis IX lui donna la terre de Gernzey et le chargea de négocier le mariage de sa fille Isabelle, avec son seigneur Thibaut VI, comte de Champagne, qui venait de succéder à son père.

En 1260, le sire de Joinville perdit, à quelques mois d'intervalle, sa mère Béatrix et Alix « sa féale compaigne, » de laquelle il avait eu trois fils et une fille qui s'éteignirent sans postérité ; de sa mère, il hérita de plusieurs domaines, et retint, dans sa mouvance, ceux qui passèrent à son frère Geoffroy de Vaucouleurs. L'année suivante, il épousa en secondes noces Alix, fille de Gauthier, seigneur de Resnel en Bassigny ; par cette alliance, il réunit cette baronnie à celle de Joinville. Deux fils et une fille (qui, veuve de Jehan de Torcy-sur-Aube, épousa Henri d'Angleterre, comte de Lancaster), furent les fruits de cette nouvelle union.

Ce doit être vers la même époque, et non en 1271, que le sire de Joinville fonda « ès bois de Mastons » la ville

(1) Nous devons à l'obligeante communication de M. l'abbé Dermot, vicaire de la paroisse Saint-Laurent de Joinville, la *Note* suivante trouvée dans les archives de cette église :

« L'hôpital Saint-Jean, le plus ancien, placé au midi de Joinville, au delà de la Pitié, fut richement doté par Jean, sire de Joinville. Ce seigneur, à son retour de la Terre sainte, en fit rebâtir la chapelle sous l'invocation de saint Jean-Baptiste. L'époque de la fondation de Saint-Jean n'est pas connue ; on l'attribue aux premiers seigneurs de Joinville, d'après un titre de l'abbaye de Saint-Urbain, daté du 6 avril 1556. Cet hôpital était destiné à loger et à nourrir les pauvres passants. »

C'est donc par erreur que M. Lemoine, dans sa *Notice historique*, attribue au sire Jean la fondation de cet hospice qu'il n'a fait que réparer.

de Ferrières; il y établit la coutume dite de Beaumont, et pour y attirer des habitants, il leur accorda des terres en suffisance pour leur nourriture (1).

Malgré le bonheur dont il jouissait au sein de sa famille et le soin qu'il apportait au bien-être de ses vassaux, Joinville se rendait souvent à la cour. Louis IX le traitait avec la plus sincère affection, il l'admettait à sa table « à cause du soutil senz qu'il congnoist en lui, » et bien des fois le saint roi le fit asseoir à ses côtés quand, soit au jardin de Paris, soit sous le chêne du bois de Vin-

(1) « Le village de Ferrières fut, dans le xiii⁰ siècle, formé et basti par les soins de Jean, sire de Joinville, et même, pour y attirer des habitants, ce seigneur leur fournit des terres en suffisance pour leur nourriture, ce qui paraît par une charte qu'il donna au mois de may mil deux cent soixante-sept à ceux qui déjà habitaient ce village nouvellement basti. » (Extrait d'une déclaration notariée, 30 décembre 1759. Copie de la charte y est annexée.)

La charte de la fondation de Ferrières se trouve aux archives de cette commune. Cette charte et beaucoup d'autres qui y sont annexées, en-tr'autres l'établissement de Mathons, village voisin, en 1208, — charte de Simon de Joinville, — ont été transcrites sous la date de 1547, en caractères du temps, sur 22 feuillets, grand papier in-folio, cotés et paraphés, mais un peu endommagés par la vétusté, sans ponctuation et sans sceau. — Néanmoins, elles sont signées par le commissaire du prince et par les principaux habitants de la localité.

On lit dans une *Notice* sur le sire de Joinville, due à la plume de M. Amb. Firmin Didot, et insérée dans la *Nouvelle Biographie générale* :

« En 1307, Joinville fit bâtir la ville de Monthoil, au diocèse de Toul, et y construisit une belle église dédiée à la vierge Marie et à saint Jean Baptiste, à laquelle il assigna plusieurs belles rentes. »

Nos recherches personnelles et celles entreprises, à notre demande, par M. Henri Lepage, le savant archiviste du département de la Meurthe, pour découvrir cette ville de Monthoil, n'ont abouti à aucun résultat.

Il existe, à quelque distance de Joinville, un village appelé Mathons, fondé, non par le sire Jean, mais par Simon, son père, en 1208. Nous croyons que ce Mathons n'est autre que le Monthoil dont s'est occupé M. Firmin Didot. Quant à la construction de l'église dédiée à la sainte Vierge et à saint Jean-Baptiste, nous pensons avec M. l'abbé Crépin, curé à Blécourt, auquel nous devons ces renseignements, que l'auteur a voulu parler de la restauration de l'hôpital Saint-Jean, dont il est fait mention dans la note précédente.

cennes, il rendait la justice à ses sujets. Souvent aussi Joinville partagea avec Mgr de Nesle, et Jean, comte de Soissons, le soin que le roi leur confiait d'aller entendre les *plez* aux portes du palais, et de l'informer des affaires qui réclamaient sa présence, ses conseils étaient presque toujours suivis, et son intimité avec le roi devenait chaque jour plus grande. Toutefois, et malgré sa déférence et son dévouement pour le saint monarque, Joinville, quand il était dans son droit, ne craignait pas de lui résister, et dans une circonstance où l'honneur de sa troupe était engagé, il osa menacer le roi de le quitter si justice ne lui était pas rendue.

Quoique bon chrétien, Joinville n'affecta jamais, afin de plaire à saint Louis, d'être plus dévot qu'il n'était réellement. Un jour, que le prince lui demandait, en présence de plusieurs évêques, lequel il aimerait mieux *commettre un péché mortel ou être lépreux*, le sire répondit qu'il préférait commettre trente péchés mortels que d'être *ladre ou meseau,* parce qu'il lui serait plus facile de faire pénitence que de guérir sa lèpre. Une autre fois, le roi lui ayant demandé s'il lavait les pieds des pauvres le jeudi saint, il répondit : « Sire, non vrai- « ment, les piez de ces vilains ne laverai-je jà. » « Le « saint roy, dit Joinville, se efforça de tout son pooir, « par ses paroles, de moy faire croire fermement en la « loy crestienne que Dieu nous a donnée. »

Ces conversations avec Louis IX nous montrent Joinville bien moins soumis que le saint roi aux pratiques de la dévotion, et beaucoup plus modéré dans son zèle ; elles prouvent aussi que les largesses qu'il en reçut et la justice qu'il en obtint toujours contre ses envieux et ses calomniateurs, ne furent jamais le prix de la flatterie ou de l'obsession.

La franchise du sire, vis-à-vis de la reine, n'était pas moins grande. La trouvant tout en pleurs à la nouvelle de la mort de la régente : « Bien est vray, madame, lui « dit-il, celui qui assure qu'on ne doibt croire fame..., « car c'estoit la personne que plus haïssiez, et en demenez « tel deuil ? » Marguerite, qui savait l'apprécier, lui pardonnait volontiers, et lui témoignait toujours la plus sincère estime.

L'abbaye de Saint-Urbain, enclavée dans le domaine de Joinville, se trouvant sans abbé par suite d'un conflit entre plusieurs prétendants, le sire crut pouvoir, de son autorité, s'en attribuer la garde, ce qui occasionna « un grand tribouil » dans un parlement de Paris, entre lui, l'évêque Pierre de Flandres, la comtesse Marguerite de Flandres et l'archevêque de Reims ; Joinville fut même excommunié par l'évêque de Châlons, et il fallut l'intervention de Louis IX pour faire cesser la discorde et mettre fin au débat.

Depuis longtemps le roi méditait une nouvelle croisade et faisait d'immenses préparatifs pour assurer la réussite de son entreprise. Au carême de 1270, il manda tous ses barons à Paris ; le fidèle Joinville ne fut pas oublié dans cette convocation. Le sénéchal raconte, dans ses Mémoires, qu'il pressentait que Louis IX allait se croiser de nouveau, et ce qui lui donnait ce pressentiment, c'est qu'il avait vu en songe le roi de France « que plusieurs « prélats revestoient d'une chasuble vermeille de sarge « de Reims ; ce qui senefioit la croiz. »

Le sire de Joinville fut vivement pressé de s'enrôler sous les drapeaux de la croisade, mais, fidèle au serment qu'il avait fait à son retour de la Palestine, il sut résister aux instances du roi de France et du roi de Navarre, et formula ainsi son refus : « Tandis que j'ay esté oultre mer

« au service de Dieu, les serjans au roy de France et le
« roy de Navarre ont tant grebvé mes pouvres subjets,
« que jamais il ne seroit que eulx et moy ne nous en
« sentissions. Et je veoie clerement, si je me mettoie au
« pellerinage de la croiz, que ce seroit la totalle des-
« truction de mezdiz pouvres subjets. » Et il ne craignit
pas d'ajouter que « ceulz qui avoient conseillé au roy le
« voyage d'oultre mer avoient peschié mortellement. »

On connaît l'issue de cette funeste expédition, où périt
saint Louis avec la plus grande partie de son armée. La
mort du roi qu'il aimait tant, causa une profonde afflic-
tion au sire de Joinville. On peut se faire une idée de
ses angoisses, de sa douleur, en apprenant l'agonie su-
blime qui a fait rejaillir une nouvelle célébrité sur le
grand nom de Carthage. Huit mois après, quand Philippe
le Hardi, au milieu des rues tendues de noir, reparut
dans sa capitale, escortant le cercueil de son père, le
sénéchal quitta « son chastel » pour assister à la doulou-
reuse cérémonie, et aider le nouveau roi à porter jusqu'à
l'abbaye de Saint-Denis les restes du saint monarque,
aux pieds duquel, comme Pierre le Chambellan, il aurait
voulu reposer ! (1).

Joinville travailla ardemment à la canonisation de
Louis IX, et dans l'enquête qui eut lieu à Saint-Denis
(1282) devant les évêques et les cardinaux réunis, le bon
chevalier, entendu comme témoin, déclara sous serment
que « pendant trente-quatre ans qu'il vécut avec le benoît
« roy, il ne le vit ou ouït oncques dire à aultrui parolle
« de détractation, ni homme plus attrempé (modéré), ni

______

(1) L'auteur des *Gestes de Philippe III*, Duchesne, rapporte qu'on
plaça aux pieds du saint roi, le corps de Pierre le chambellan, mort en
chemin, lequel, par sa charge, avait coutume de coucher auprès de son
maitre. Cet honneur lui fut rendu à cause de sa vertu et de son mérite.

« de greigneur (plus grande) perfection, et qu'il croit
« qu'il soit en paradis et que nostre sire Dieu soit bien
« faire miracles pour lui. » Seize ans après, la canonisation de Louis IX ayant été prononcée par le pape Boni-
face VII, le sire de Joinville s'empressa d'ériger en sa
chapelle un autel qu'il plaça sous l'invocation de son
ancien maître et ami.

Le fils de saint Louis, Philippe III, témoigna à Joinville
la même confiance que son père ; en 1271, le sire fut une
des cautions que ce prince exigea de Henri de Navarre,
pour une somme de trente mille livres qu'il lui devait.

Plusieurs jugements rendus par le sénéchal en 1283
et 1284, montrent qu'à cette époque il était dans ses
domaines. En 1285, pendant l'expédition de Philippe le
Hardi, et de son frère, en Espagne, contre le roi d'Arragon, Joinville, à qui la reine Jeanne de Navarre avait
confié la régence des comtés de Champagne et de Brie,
présida aux assises des Grands-Jours, de Troyes et y pro-
nonça des arrêts.

Les voyages si fréquents de Joinville à la cour de saint
Louis devinrent plus rares sous le règne de Philippe III ;
puis, sous celui de son successeur, ils cessèrent com-
plètement. Les mœurs simples du bon chevalier s'accor-
daient peu avec le luxe et surtout avec le caractère hau-
tain de Philippe le Bel, dont les mesures arbitraires
trouvèrent en lui un sérieux adversaire. Cette résistance
du sénéchal déplut tellement au monarque, qu'il fit ex-
clure son contradicteur des grandes assemblées de Champagne. Joinville n'y reparut qu'en 1295, et à partir de ce
moment, il n'y occupa plus que la sixième place. Mais ce
repos auquel on condamnait le sire, n'a pas été perdu pour
la postérité ; car c'est à cette époque, plutôt qu'en 1305,
qu'on doit assigner la composition de l'*Histoire de saint*

Louis, qu'il écrivit à la sollicitation de la reine Jeanne de Navarre, épouse de Philippe le Bel. Cette vertueuse princesse « qui moult l'aimoit, » étant morte avant l'achèvement de son travail, ce fut à son fils Louis le Hutin que Joinville adressa la dédicace de ses mémoires (1).

(1) Avant la découverte de l'imprimerie, ces Mémoires précieux s'étaient déjà multipliés, depuis la mort du roi René d'Anjou, dans les papiers duquel on trouva le premier exemplaire connu. Un des plus anciens avait appartenu à la vertueuse duchesse Antoinette ; l'original, écrit de la main du sénéchal, fut, dit-on, donné par lui-même au monastère de Vauxcelles, d'où il passa ensuite à l'abbaye de Sultzbroonn.

La première édition des *Mémoires* de Joinville fut imprimée à Poitiers, en 1546, par Jean et Enguilbert de Marne, de format petit in-4° ; elle est dédiée par l'éditeur, Antoine-Pierre de Rieux, à François Ier ; le privilége est daté de 1545. En 1609, le libraire Guillemot donna une autre édition des *Mémoires* de Joinville, et deux réimpressions en furent faites à Genève en 1595 et 1596, in-12. Cinquante ans après la première édition, parut l'édition de l'*Histoire de saint Louis*, par Joinville, en 1617, format in-4°, l'éditeur fut Claude Menard, lieutenant en la prévôté d'Angers.

En 1668, Du Cange donna une troisième édition de Joinville, et au moyen de pièces historiques qu'il compulsa à la Chambre des Comptes, il put éclaircir, dans ses dissertations, bien des points relatifs à l'Histoire de saint Louis et à l'histoire de Joinville, mais malgré toutes ses recherches, il ne put découvrir aucun manuscrit de ses Mémoires, et il dut se borner à composer son texte de la réunion des deux éditions précédentes.

D'après l'ordre de Louis XV, le soin de publier une nouvelle édition de Joinville fut confiée à Melot, qui avait succédé à l'abbé Sevin, comme garde des manuscrits de la Bibliothèque du roi ; la mort de ce savant interrompit son travail, qui fut remis à l'abbé Sallier, dont la mort vint encore arrêter la continuation de l'ouvrage, qui fut enfin achevé par Capperonnier. Dans cette édition, qui parut en 1761, le précieux manuscrit de notre bibliothèque (n° 2016), rapporté de Bruxelles par le maréchal de Saxe, a été religieusement respecté.

Depuis, les *Mémoires de Joinville* ont été réimprimés : en 1785, dans la *Collection universelle des Mémoires particuliers relatifs à l'histoire de France*, avec les Notes et Dissertations de Du Cange, ainsi que les extraits des Manuscrits arabes qui parlent des croisades de saint Louis, et qui ont été rédigés par Cardonne ; — en 1822, par Paul Gervais, Paris, in-8° ; — nouvelle édition, précédée d'une *Notice* sur le sire de Joinville, Paris, 1826, in-12 ; — par M. Francisque Michel, Paris, 1830, in-8°, faisant partie de la *Bibliothèque choisie*. — M. Th. Johnes, traducteur de Froissart et de Moustrelet, a aussi donné une traduction anglaise de Joinville, Hafod, 1807, 2 vol, in-4° et in-8°.

Profitant de la disgrâce qu'il avait encourue par son opposition, et peu reconnaissants de tout ce qu'avaieut fait pour eux Joinville et ses ancêtres, les religieux de Saint-Urbain obtinrent, en 1308, d'être placés sous la garde du roi de France, et de se soustraire ainsi à l'autorité du sénéchal. « Ainsi, nous dit Joinville, l'abbé « Geoffroi de Saint-Urbain, après ce que je avois fait « pour lui, me rendit le mal pour le bien. »

En 1311, Philippe le Bel étant à Beaumont, le sire de Joinville, en sa qualité de sénéchal de Champagne, eut l'honneur de le servir à table, et conformément aux droits attachés à cette charge, « il fut mis en possession des écuelles (1). »

Les mesures violentes et tracassières de Philippe le Bel, ses vexations fiscales et l'altération des monnaies ayant occasionné des révoltes, le sire de Joinville fit assembler la noblesse du pays (1314), et s'opposa énergiquement aux exactions du roi. « Que le roy qui règne « à présent y prenne garde, dit Joinville dans ses Mé- « moires; car s'il ne s'amende de ses méfaits, Dieu ne « manquera pas de le frapper cruellement dans sa per- « sonne et dans les intérêts de sa couronne. »

Lorsque Louis X fut monté sur le trône, et qu'il eut accueilli les réclamations et les plaintes de ses sujets, le

---

(1) Ce n'était pas la première fois que le sire de Joinville remplissait ces fonctions ; il en avait déjà été chargé en 1262, à l'occasion du mariage de Philippe (depuis Philippe III le Hardi) et Isabelle d'Arragon. Une lettre de Thibaut, son Seigneur, contient même à ce sujet un détail assez curieux. Joinville réclamait à son profit la remise des *écuelles* qui avaient servi au repas, comme un droit relevant de sa charge ; mais sa demande avait été rejetée, parce que ces écuelles étaient celles du roi de France, dont Joinville n'était pas le vassal, ce qu'il n'aurait pas dû oublier, puisqu'il avait refusé de prêter serment à saint Louis, attendu qu'il était homme lige de Thibaut, comte de Champagne, et non celui du roi de France.

sire de Joinville cessa son opposition, et malgré son
grand âge, qui d'ailleurs n'avait pas éteint son humeur
guerrière, il n'hésita pas à reprendre les armes pour
marcher contre les Flamands révoltés. En 1315, il vint
se joindre au roi, à Athis, près Châlons-sur-Marne, ame-
nant avec lui un chevalier et six écuyers. C'est à cette
occasion qu'il écrivit au roi la lettre suivante :

« A son bon seigneur Loys, par la grâce de Dieu, roy
« de France et de Navarre, Jehans sires de Joinville, ses
« séneschaux de Champaigne, salut et son service appa-
« rilié.

« Chiers sires, il est bien voirs, ainsi commes mandez
« le m'avez, que on disoit que vous estiez appaisiés as
« Flammans, et por ce, sire, que nous cuidiens que voirs
« fust, nous n'aviens fait point d'apparoyl pour aleir à
« vostre mandement. Et de ce, sire, que vous m'avez
« mandey que vous serés à Arras pour vous addrecier
« des torts que li Flammeints (Flamains) vous font, il
« may semble, sire, que vous faites bien, et Dex vous en
« soit en aiide. Et de ce que vous m'avez mandey que
« je et ma gent fussiens à Athic à la moiennetey dau
« mois de joing, sire savoir vous fas que ce ne puet
« estre bonnement, quant (quar) vos lettres me vinrent
« le secont dimange de joing ; et vinrent huit jours de-
« vant la recepte de vos lettres. Et plus tost que je poiray
« (pourray), ma gent seront apparilié pour aleir où il
« vous plaira.

« Sires, ne vous desplaise de ce que je, au premier
» parloir (parleir), ne vous ay appeley que *bon signour*,
« quant (quar) autrement ne l'ai-je fait à mes signours
« les autres roys qui ont esté devant vous, cui (cuy) Dex
« absoille (absoyle). Nostres sires soit garde de vous.

« Donney le second dimange dou mois de joing, que

« vostre lettre me fust appourté, l'an mil trois cens et
« quinze (1). »

Après avoir pris part à cette expédition, le bon sénéchal revint « en son biau chastel, » où il vécut encore
trois ans. Deux grandes occupations partageaient ses
journées : il assistait au service divin, alors beaucoup
plus long que de notre temps ; il rendait la justice à ses
vassaux comme autrefois le saint roi sous les arbres de
Vincennes. Mais il restait dominé par un grand souvenir,
par le profond regret d'avoir perdu saint Louis, par la
vive espérance de le retrouver dans un autre monde.
Sa pensée demeurait fidèle au grand roi qu'il avait tant
aimé ; le jour, la nuit, il croyait le voir encore et con-
verser avec lui. « C'est assavoir que je fis un songe,
« raconte Joinville en ses mémoires ; et il me sembloit
« en mon songe que je le véoie devant ma chapelle à
« Joinville, et estoit, si comme il me sembloit, merveil-
« leusement aaisé de cuer ; et je meismes estoie moult
« aaisé, pour ce que je le véoie en mon chastel ; et li
« disoie : « Sire, quant vous partirés de ci, je vous hé-
« bergerai en une moie ville qui a nom Chevillon. Et il
« me respondi en riant : Sire de Joinville, sire de Join-
« ville, foi que vous dois, je ne bée mie sitost à partir
« de ci ! Et quant je me esveillai, si me sembla qu'il
« plesoit à Dieu que je le hebergeasse en une chapelle ;
« et ensi l'ai fait (2). »

Le 25 décembre 1318, le sire Jean de Joinville, âgé de
près de quatre-vingt quinze ans, termina sa longue et

(1) L'original de cette lettre précieuse est à la bibliothèque impériale,
section des autographes ; elle a été retrouvée par M. La Cabane, dans le
fond de Villevieille. La suscription est ainsi conçue : *A son bon amey
seigneur, le roi de France et de Navarre.*

(2) Histoire inédite de la principauté de Joinville, par Fissieux, 1632.

glorieuse carrière, pendant laquelle il avait vu le règne de six de nos rois : il fut enterré dans la chapelle de son château (aujourd'hui collégiale Saint-Laurent), fondée au XI⁰ siècle par son bisaïeul Geoffroi III. C'est le premier des sires de Joinville qui ait été inhumé dans cette église.

Son tombeau était placé au côté droit du grand autel, sous une arcade, entre deux piliers. Un mausolée de marbre noir, revêtu de marbre blanc, supportait l'effigie en pierre du sénéchal, scupltée les yeux fermés, les mains en croix sur la poitrine, la tête couverte d'une sorte de capuce de bénédictin, revêtu de la cotte de maille descendant aux genoux, le cimeterre au côté, les pieds appuyés sur le dos d'un lévrier, comme chevalier mort en repos, et non occis en guerre. Au bas de l'épitaphe de son aïeul et de Simon Ier, on lisait :

« Jehan, sire de Joinville, fils de Simon de Joinville,
« qui fut oultre mer au service Monseigneur saint Loys,
« roy de France, l'espace de six ans, et en rapporta l'escu
« de Geoffroy, son oncle. »

Des réparations exécutées dans le chœur de la collégiale, en 1639, firent découvrir l'épitaphe composée vers 1625, par P.-F. Marteau, et qu'on donna longtemps, malgré son style moderne, comme datant de l'époque de la mort du sénéchal (1).

Les mêmes réparations ayant fait ouvrir le tombeau du sire de Joinville, l'os d'une de ses hanches et sa tête, qui était fort grosse, en furent retirés et conservés pieusement dans le trésor du chapitre. Cette relique précieuse a disparu pendant la Révolution.

En 1792, lorsqu'on jetait au vent, à Saint-Denis, les cendres de saint Louis, des mains sacriléges essayèrent

____

(1) Voir l'épitaphe, page 185.

de violer la sépulture de son fidèle serviteur; mais il fut impossible de découvrir l'entrée du mausolée, et cette circonstance préserva les restes vénérables du sire de Joinville des outrages que lui réservait la fureur aveugle

D. O. M.

QUISQUIS ES, AUT CIVIS, AUT VIATOR,

ADSTA, UT LUGEAS, UT LEGAS ;

NOSTI QUEM NUNQUAM VIDISTI,

TERRIS DATUM ANNO DOMINI 1214 (1224); CŒLO NATUM 1319,

NOMINE, VIRTUTE, SCRIPTIS, FAMA,

NONDUM MORTUUM :

POLO UTIQUE IMMORTALEM ET SOLO,

DOMINUM D. JOANNEM DE JOINVILLA

MAGNUM OLIM CAMPANIÆ SENESCALLUM ;

IN BELLO FORTISSIMUM, IN PACE ÆQUISSIMUM,

IN UTROQUE MAXIMUM :

NUNC OSSA ET CINERES.

TANTI VIRI ANIMAM IN CŒLIS VIVENTEM IMMORTALES AMANT,

CORPUS IN TERRA SUPERTITES MORTALES COLUNT.

INGENIUM CANDIDUM, AFFABILE ET AMABILE.

LUDOVICO REGI SANCTISSIMO GRATISSIMUM, PRINCIPI LAUDATISSIMUM,

GALLIÆ UTILISSIMUM, PATRIÆ SUÆ PERHONORIFICENTISSIMUM,

IMMORTALES AMANT, MORTALES COLUNT, OMNES HONORANT.

NOS ZONA SANCTI JOSEPHI E TERRA-SANCTA

ASPORTATA AB EO FELICITER DONATI,

DOMINO SUBDITI, AVES NOSTRATI, AMICI NUMERARIO,

INCLYTIS CORPORIS EJUS EXUVIIS, CINERUMQUÆ RELIQUIIS

RUITURUM NUNQUAM AMORIS FIDELISSIMI,

AMANTISSIMÆQUE FIDEI MONUMENTUM.

MM :   LL :   PPS.

PLURA NE EXPLORA, SED PLORA ET ORA, AC ABI OBITURUS

REQUIESCAT IN PACE.

Cette épitaphe, qui peint fidèlement le sire de Joinville, a été traduite ainsi par un de ses biographes (*):

« Qui que tu sois, citoyen ou passant, arrête-toi, lis et pleure celui qui « fut donné à la terre l'an du Seigneur 1224, et rendu aux cieux en 1319.

(*) M. le marquis de Villeneuve-Trans, dans le *Plutarque français*, Paris, 1841.

des révolutionnaires. Malheureusement il n'en fut pas de
même des tombeaux des princes de Lorraine qui avaient
succédé au sire de Joinville. Ils ont été détruits, et il ne
reste plus rien de ces monuments exécutés en Toscane à
l'époque de la renaissance, et pouvant rivaliser avec les
chefs-d'œuvre de Saint-Denis. Les ossements qu'ils ren-
fermaient en furent arrachés, puis jetés pêle-mêle dans
une fosse commune après avoir été exposés aux injures
de la populace ; les vieillards se rappellent encore avoir
vu ces squelettes de géants, dont quelques-uns étaient très-
bien conservés, debout contre le mur de la côte du château. En 1841, ces ossements ayant été retrouvés, ils furent
recueillis par les soins des habitants de Joinville, et inhu-
més pompeusement dans le cimetière de la ville, sous
une grande tombe noire, après un service funèbre célé-
bré en présence des autorités religieuses, civiles et militaires. Derrière le monument, s'élève une croix blasonnée
à l'écusson de Joinville-Lorraine-Guise.

« Son nom, ses vertus, ses écrits, ont acquis une éternelle renommé à Jehan
« de Joinville, jadis grand-sénéchal de Champagne. Brave à la guerre,
« juste pendant la paix, toujours grand, maintenant ossement et cendres !
  « Spirituel, naïf, affable, cher à saint Louis, loué des princes, utile à
« la France, vénéré dans sa patrie, les dieux l'aiment, les mortels le
« chérissent, tous l'honorent. Il nous fit don de la ceinture de saint
« Joseph (*), qu'il apporta de la terre sainte.
  « N'en cherche pas davantage, mais pleure et prie, afin qu'il repose en
« paix ! »

(*) L'église Saint-Laurent de Joinville possède cette relique, rapportée
par le sénéchal, en 1254 ; elle est renfermée dans un reliquaire gothique
de cuivre doré, donné par M. Lemoine, horloger à Joinville. C'est une
ceinture de trois aunes de long, couleur nankin, d'un tissu croisé assez fin,
sur laquelle on lit : « *Hic est cingulus, quo cingebatur Joseph sponsus
Mariæ*, » et que les femmes enceintes invoquaient dans un enfantement
laborieux. Primitivement, elle était enveloppée dans une seconde ceinture,
en soie blanche, ornée de fleurs de lys d'azur et d'inscriptions, brodée non
par une des duchesses (ainsi que le pense M. le marquis de Villeneuve-
Traus, mais par les religieuses ursulines de Celles-en-Berry ; le P. dom
Pierre Masson, dit de Sainte-Catherine, religieux et visiteur de l'ordre des
Feuillants en fit présent à l'église Saint-Laurent.

Les compatriotes du sire, voulant éterniser par un témoignage public une mémoire si nationale, et que le temps rend de plus en plus vénérable pour tous les Français, ont, par une décision du Conseil général de la Haute-Marne (session de 1853) voté, en l'honneur de Jean, sire de Joinville, l'érection d'une statue en bronze. L'inauguration de cette statue a eu lieu le 23 juin 1861 (1), au milieu d'une foule immense, venue de tous les points du département, pour saluer l'image du bon sénéchal, le fidèle compagnon d'armes et le féal ami de saint Louis, « l'un des plus grands rois que le soleil ait vus ! (2) »

(1) La statue, œuvre de M. Lescorné, est haute de huit pieds. Debout, la main gauche appuyée sur son bouclier, Joinville montre un manuscrit, le manuscrit de ses Mémoires ; la figure du sire est noble et sereine. Trois bas-reliefs forment la décoration du monument. Dans le premier, Joinville, âgé de vingt-quatre ans, est représenté partant pour la Terre-Sainte ; dans le second, il combat en Egypte à cette chaude bataille de Mansourah, où il soutint, avec cinq chevaliers, les efforts des Sarrasins ; le troisième représente Joinville assistant saint Louis qui rend la justice à son peuple, sous le chêne du bois de Vincennes. L'œuvre entière fait le plus grand honneur à l'artiste.

(2) Saint François de Sales, *Introduction à la vie dévote.*